الحَواسُّ الخَمْسُ

تأليف: ورد عيان

رسوم: نيكوس يونابولس

دار جامعة حمد بن خليفة للنشر
HAMAD BIN KHALIFA UNIVERSITY PRESS

حاسَّةُ النَّظَرِ وأَداتُها العَيْنُ.

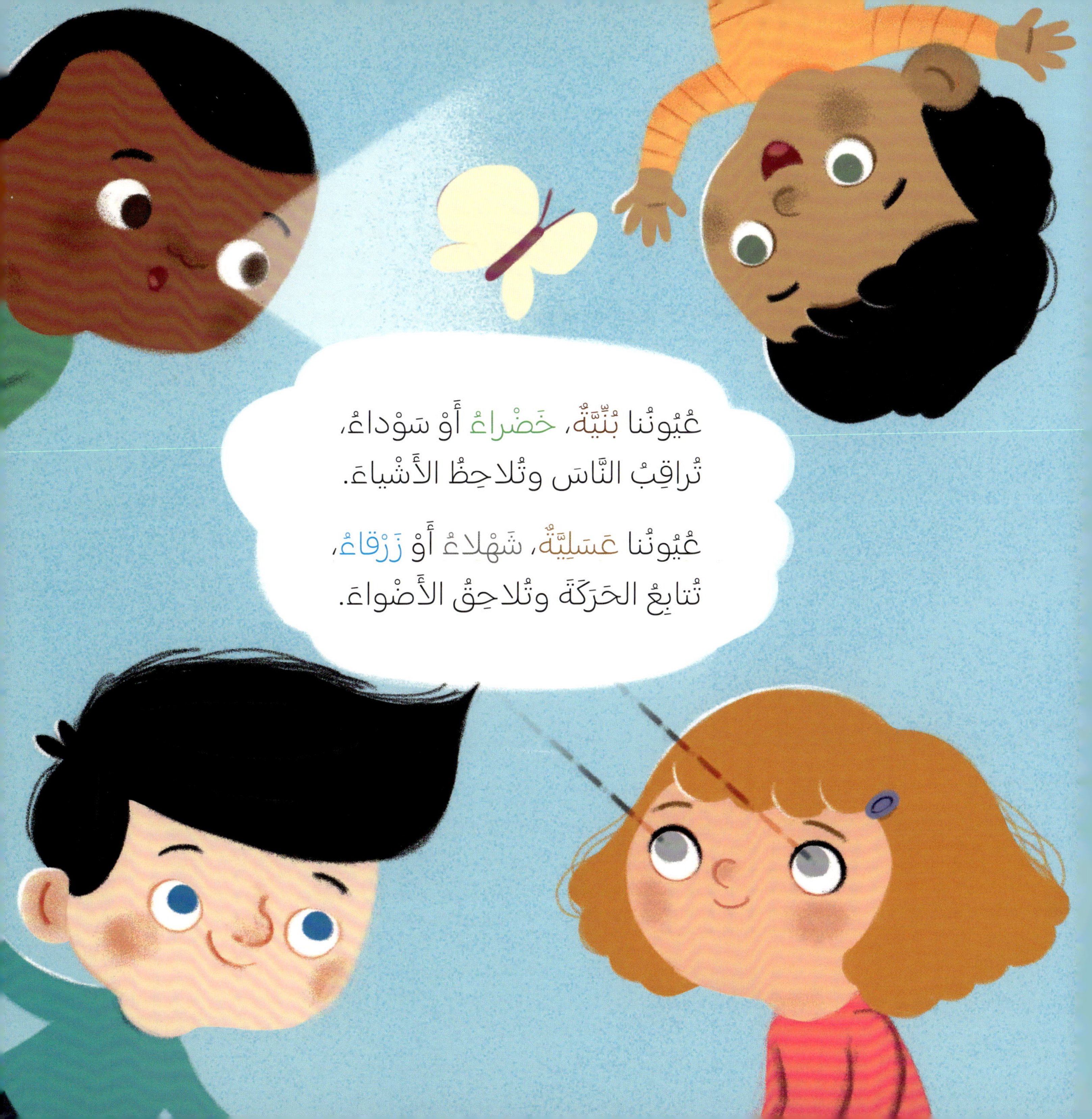

عُيُونُنا بُنِّيَّةٌ، خَضْراءُ أَوْ سَوْداءُ،
تُراقِبُ النَّاسَ وتُلاحِظُ الأَشْياءَ.

عُيُونُنا عَسَلِيَّةٌ، شَهْلاءُ أَوْ زَرْقاءُ،
تُتابِعُ الحَرَكَةَ وتُلاحِقُ الأَضْواءَ.

حاسَّةُ السَّمْعِ وأَداتُها الأُذُنُ.

آذانُنا تُطْرِبُها زَقْزَقَةُ الطُّيُورِ،
تُسْمِعُنا المُوسِيقَى فَيَغْمُرُنا السُّرُورُ.

آذانُنا تَجْذِبُها الأَنْغامُ والأَصْواتُ،
تَصْفِيقُ الأَيادِي وخَشْخَشَةُ الأَقْراطِ.

حاسَّةُ التَّذَوُّقِ وأَداتُها اللِّسانُ.

لِسانُنا يُمَيِّزُ الطَّعْمَ والمَذاقَ،
الحُلْوَ والحامِضَ، والمِلْحَ في الأَطْباقِ.

لِسانُنا يَتَحَمَّلُ البارِدَ والحارَّ،
واللَّاذِعُ يُزْعِجُهُ والماءُ الفَوَّارُ.

حاسَّةُ الشَّمِّ وأَداتُها الأَنْفُ.

أَنْفُنا يَتَنَشَّقُ العَبِيرَ الفَوَّاحَ،
يَزْفِرُ ويَشْهَقُ وبِفَضْلِهِ نَرْتاحُ.

أَنْفُنا تُزْعِجُهُ رَوائِحُ الدُّخانِ،
وعِنْدَما يَشُمُّها نُغادِرُ المَكانَ.

حاسَّةُ اللَّمْسِ وأَداتُها الجِلْدُ.

أَيْدِينا تَكْتَشِفُ مَلْمَسَ الأَشْياءِ،
وجِلْدُنا يَخْتَبِرُ حَرارَةَ الهَواءِ.
أَيْدِينا تَتَشابَكُ فَنَشْعُرُ بِالأَمانِ،
نَحْضِنُ بِها ونُعانِقُ فَيَغْمُرُنا الحَنانُ.